Aujourd'hui, c'est la rentrée ! Certai
enfants vont pour la première fois
à l'école maternelle. Les autres
retrouvent leurs copains
de l'année dernière...

Vois-tu les
deux copines
qui se retrouvent ?

Place dans la cour
les deux **maîtres**
qui accueillent
les élèves.

Découvrons la classe ! Il y a plein de petits coins sympas : celui des livres, celui des peluches… Chaque objet a sa place !

Oh, il y a un animal en classe ! Retrouve la **cage** du lapin Pimpin.

Pose l'**ours** dans le coffre à peluches.

Fais sortir **Papa** de la classe : c'est l'heure de dire « au revoir » aux parents !
Range l'**album** dans le bac à livres.
Mets la **voiture** et le **camion** dans le panier.

Les activités commencent.
Un groupe d'enfants dessine,
un autre joue avec les formes
et les couleurs…

Pose le **pot**
de crayons de
couleur sur la table.

Rends son **dessin**
au petit garçon.

Cherche le **cube** bleu
et le **cylindre** jaune,
et pose-les sur le tapis.

Trouve l'**élève** qui empile
des formes rouges.

C'est l'heure de la récréation !
Mais avant...

On fait pipi, puis on **se lave les mains**.

On met sa veste, suspendue sous sa **photo**. Colle celles qui manquent

À la récré, on joue et on prend l’air. Ça fait du bien !

Mets dans la cour l’enfant qui **fait du tricycle** et celui qui **joue au ballon**.

Après la récré, on travaille encore un peu… Puis vient l'heure du déjeuner. Certains élèves vont à la cantine de l'école. Chic, aujourd'hui, il y a des frites !

Pose un **pichet d'eau** sur cette table.

Donne une **assiette** aux enfants qui n'ont pas encore été servis.

Décore la cantine !

Retrouve
la **dame**
de cantine
qui aide
les plus petits
à manger.

Tout le monde a bien mangé ?
Maintenant, les plus petits
vont faire la sieste. Chuuut...

Couche dans son lit la **petite fille qui dort** déjà.

Rends leurs **doudous** aux enfants.

Remets le **rideau** à la fenêtre.
Complète les paires de **chaussures** rangées dans l'étagère.

Pendant ce temps, les plus grands font un parcours de motricité dans la salle de gymnastique.

Complète le **parcours avec les éléments** qui manquent.

Vois-tu la **maîtresse**
qui encourage
ses élèves ?

Driiing ! La sonnerie retentit : c'est l'heure de la sortie ! Les parents, les grands-parents ou les nounous viennent chercher les enfants à l'école.

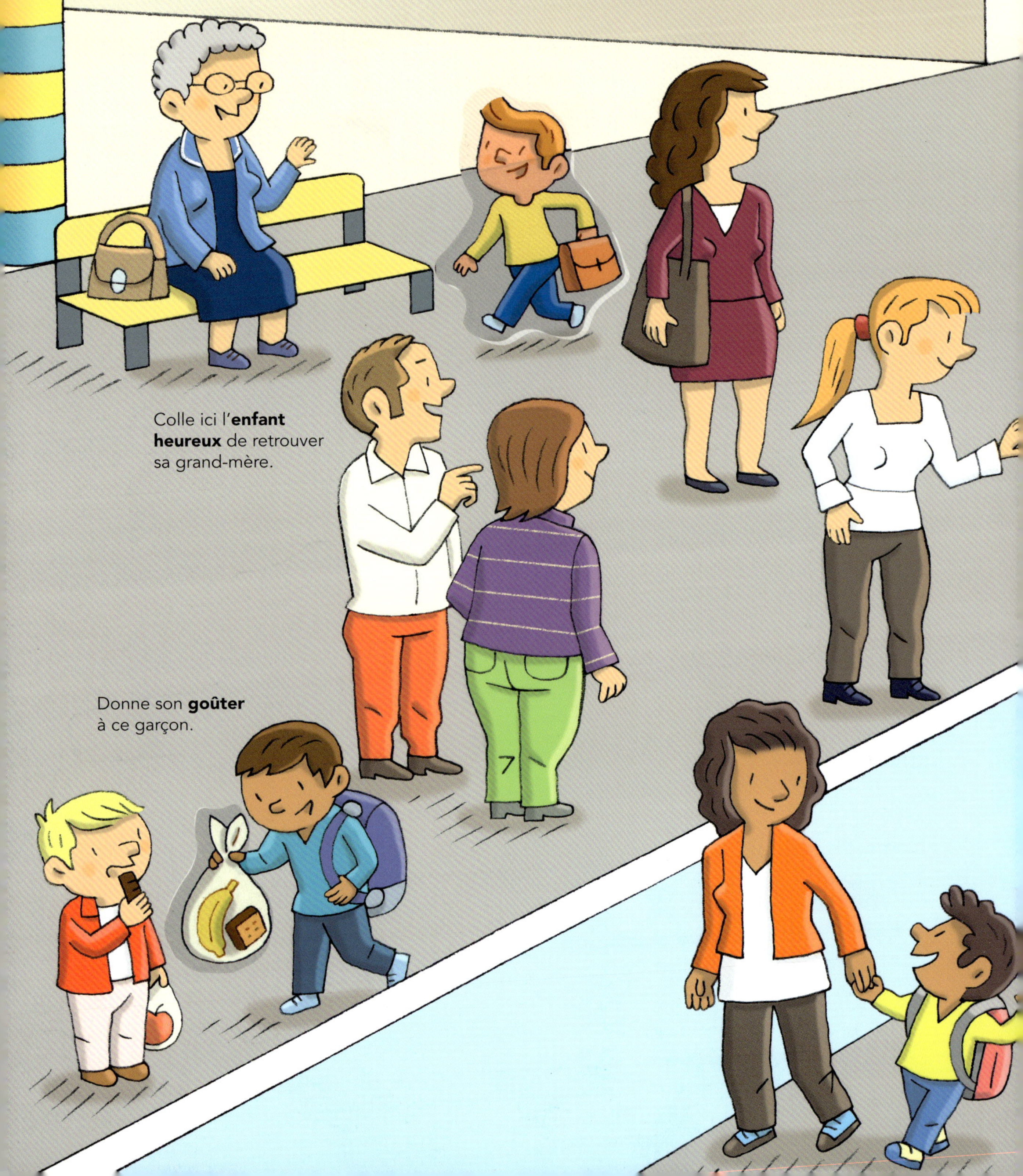

Colle ici l'**enfant heureux** de retrouver sa grand-mère.

Donne son **goûter** à ce garçon.

Mets ici la **fillette** qui salue sa maîtresse. « Au revoir, à demain ! »

L'**agent de circulation** aide les enfants à traverser la rue.

Une fois les élèves partis, la maîtresse et l'assistante maternelle rangent la classe. Et si elles exposaient les dessins des enfants ? Bonne idée : c'est très joli !

Affiche les **dessins** sur le mur.

Aide l'assistante maternelle à remettre la **chaise** et la **poupée** à leur place.